Meditation für Anfänger lernen

Wie du durch meditieren
die innere Ruhe findest.

Für mehr Achtsamkeit, Gelassenheit & Entspannung

MY BALANCE

Inhaltsverzeichnis

Vorwort

Wollen auch Sie neue Wege gehen, wissen aber nicht genau wie? Haben Sie Stress auf der Arbeit, in der Familie, und möchten einfach mal wieder innerlich zur Ruhe kommen? Sie möchten es von Anfang an richtig machen und die Methode Schritt für Schritt lernen?

Dann haben Sie mit diesem Buch das richtige Werkzeug an der Hand. Lernen Sie traditionelle und auch an die westlichen Bedürfnisse angepasste Formen der Meditation kennen. Mit „Meditation für Anfänger" werden Sie zu Ihrer Gelassenheit zurückfinden. Wollen Sie

- Uralte Traditionen der Meditation kennenlernen?
- Neue Meditationsformen lernen, die an westliche Bedürfnisse angepasst sind?
- Die positiven Auswirkungen der Meditation erfahren?
- Techniken der Meditationen lernen?
- Erkenntnisse der Meditationsforschung erfahren?
- Ihre innere Ruhe wiederfinden?

Dann haben Sie mit „Meditation für Anfänger" genau das richtige Buch gefunden. Hier erfahren und bekommen Sie

- Die Wirkung der Meditation auf unseren Körper
- Eine Schritt für Schritt Anleitung
- Die besten Meditationsübungen
- Simple Übungen für den Alltag

Mit „Meditation für Anfänger" können auch Sie die Meditation lernen und trotz all dem Stress im Alltag für einige Zeit abschalten. Machen Sie Ihren Geist frei und tauchen Sie in die Welt der Ruhe und Gelassenheit ein.

1. Was ist Meditation?

Menschen, die im Urlaub einen Mönch gesehen haben, der im Schneidersitz mit geschlossenen Augen dasitzt und mit keiner Wimper zu zucken scheint, verbinden dieses Bild gerne mit Meditation. Sie kommt verbreitet im Buddhismus vor und damit sind Menschen, die meditieren, wohl sehr spirituell. Die Meditation wird zwar tatsächlich oftmals in dieser Haltung ausgeführt, aber sie ist sehr vielschichtiger als es den meisten Menschen bekannt ist. Was genau ist also Meditation?

Zuallererst ist Meditation nicht auf den Buddhismus beschränkt, sondern kommt in jeder gängigen Religion in unterschiedlichen Formen vor, etwa als Ritual oder Gebet. Sie müssen nicht spirituell sein, um meditieren zu können. Viele Menschen können sich nicht mit Esoterik identifizieren und meditieren trotzdem.

Die Meditation wird zwar häufig im Schneidersitz oder Halblotussitz ausgeführt, aber es ist keine zwangsläufige Haltung, verschiedene Meditationsformen sind einfach am Anfang in einer speziellen Haltung besser zu erlernen. Grundsätzlich darf aber in der Körperhaltung meditiert werden, in der es für einen persönlich am besten funktioniert. Untersuchungen bei Mönchen haben ergeben, dass die unterschiedlichen Körperhaltungen die Ergebnisse der Meditation nicht beeinflussen. Wenn einem bewusst wird, dass für die Meditation weder die Zugehörigkeit zu einer bestimmten Religion, die Neigung zur Spiritualität noch die perfekte Ausführung einer Körperhaltung notwendig ist, hat sie gleich einen noch höheren Reiz. Jeder, der sich mit der Mediation auseinander setzen möchte, kann dies auch.

Damit ist allerdings immer noch nicht geklärt, was genau Meditation ist. Haben Sie den Text bis hierher ganz bewusst gelesen? Oder haben Sie nebenher an andere Sachen gedacht, was Sie heute noch alles erledigen müssen? Haben Sie sich vielleicht sogar von den Hintergrundgeräuschen des Fernsehers ablenken lassen, sich immer wieder auf die flackernden Bilder konzentriert? Falls Sie die Zeilen bis zu diesem Punkt tatsächlich bewusst und langsam gelesen und sich sogar auf Ihre Atmung konzentriert haben, haben Sie bereits meditiert. So einfach ist das? Ja, denn Meditation ist nicht auf den Platz beschränkt, wo Sie Ihre Yoga Matte liegen lassen oder auf die zehn Minuten, die Sie sich nach der stressigen Arbeit dafür Zeit nehmen wollen. Sie können orts- und zeitunabhängig meditieren.

Meditieren bedeutet nichts anderes, als sich voll und ganz darauf zu konzentrieren, was Sie in diesem Augenblick machen. Egal ob Sie gerade Wäsche zusammenlegen, dann konzentrieren Sie sich auf das Wäsche zusammenlegen und Ihre Atmung. Wenn Sie spazieren gehen, dann blicken Sie nicht nur auf den Weg, sondern nehmen Sie die Gerüche der Umgebung wahr, spüren Sie wie es sich anfühlt, auf den Boden aufzutreten, konzentrieren Sie sich auf Ihre Atmung und nehmen Sie alles in sich auf, was Sie mit Ihren Sinnen in dem Moment erfassen können.

Meditieren bedeutet einfach, sich voll und ganz mit dem zu beschäftigen, was Sie in diesem Augenblick tun, sich keine Gedanken über alltägliche Probleme zu machen, denn wenn Ihre Gedanken abschweifen, verlassen Sie den meditativen Zustand.

Bei der Meditation sind Sie ganz bei sich, wörtlich übersetzt heißt es, sich zur Mitte ausrichten. Lassen Sie nichts an sich heran, was Sie ablenken könnte, ob es störende

Nebengeräusche sind, oder Probleme, die Sie in Ihrem Job haben. Nehmen Sie die Dinge so wie sie sind. Es ist ganz normal, dass Ihnen dies am Anfang noch schwerfallen wird. Übung macht den Meister. Lassen Sie sich von anfänglichen Rückschlägen nicht ausbremsen.

Bestandteil von Meditationen ist oft, sich auf etwas zu konzentrieren, das kann der eigene Atem sein oder ein bestimmtes Objekt wie der Docht einer Kerze. Diese Formen sind gut für Anfänger geeignet, da sie einen Anhaltspunkt haben. Wenn Sie in der Meditation bereits etwas fortgeschritten sind, können Sie diese immer mehr in Ihren Alltag einbauen. Dies soll auch mit den Übungen erreicht werden, dass die innere Ruhe nicht nur in der Übungszeit erreicht wird, sondern dass der Kopf den ganzen Tag über frei ist und Sie einen gelassenen Zustand einnehmen.

Es gibt verschiedene Arten von Meditationen, sowohl aktive als auch passive. Die passiven Übungen werden ohne körperliche Bewegungen ausgeführt. Das können Atemübungen oder Konzentrationsübungen sein. Die Meditationen können dabei in Gruppen unterteilt werden, dazu gehören Atemtechniken, Traumreisen, Achtsamkeitsübungen und aktive Meditationen. Sie werden mit offenen, halb geschlossenen oder ganz geschlossenen Augen durchgeführt.

Bei den aktiven Meditationen sind Bewegungen mit inbegriffen. Hierzu zählen die Osho-Meditationen, die Geh-Meditation und Qi Gong.

Es gibt zwei Arten von Meditationen, die formelle und die informelle. Eine formelle Meditation bedeutet, dass Sie sich dabei eine bestimmte Zeit von beispielsweise 15 Minuten vornehmen, in der Sie die Übung durchführen. Die informelle

Meditation wird direkt in den Alltag integriert, hierzu gehört die Geh-Meditation.

Zusammenfassend kann gesagt werden, dass Sie an jedem Ort und zu jeder Zeit meditieren können. Sie sind nicht an einen Sportraum oder bestimmte Utensilien gebunden, auch wenn diese am Anfang helfen können. Die Meditation kann leicht erlernt werden.

Zu meditieren heißt, dass Sie sich bewusst auf die derzeitige Situation konzentrieren, dass Sie von allem loslassen können und sich keine anderen Gedanken in Ihr Bewusstsein schieben. Lernen Sie Ihre Umgebung wieder mehr zu schätzen und sie mit allen Sinnen zu betrachten. Wenn Sie meditieren, zählt weder die Vergangenheit noch die Zukunft, sondern einzig und allein das Hier und Jetzt.

Es gibt vielfältige Arten der Meditation, so dass für jeden etwas dabei ist.

2. Die Vorteile der Meditation und die Wirkung auf unseren Körper

Es ist sicher kein Zufall, dass schon seit tausenden Jahren Menschen meditieren und darauf schwören, daraus Kraft und Energie zu tanken. Es gibt viele Techniken und Übungen, die es dem Geist erlauben, herunterzufahren und sich wieder auf sich selbst zu fokussieren. Das Bewusstsein wird auf die jetzige Situation geschärft.

Die Meditation kann auch als der Kraftraum für den Geist bezeichnet werden. Viele Studien haben belegt, dass durch Meditation Vorteile im körperlichen und geistigen Bereich erreicht werden. Zu den Kernbereichen der Meditation gehören das Bewusstsein für den Körper und das Selbst sowie die Regulierung der Emotionen und der Aufmerksamkeit.

Viele Personen der Öffentlichkeit, wie der Präsident der Automarke Ford, Bill Ford, oder der Comedian und Autor Jerry Seinfeld meditieren schon seit Jahren.

Am deutlichsten wirkt sich die Meditation auf unsere Ruhe und Gelassenheit aus. Sie besitzt auch eine innere Heilkraft, da beim Meditieren die Hirnströme beruhigt werden, die Stoffwechselaktivität sowie der Blutdruck und der Puls sinken. Neben den alltäglichen Stress können Sie so Ihren Körper entlasten.

Erst wenn Sie beginnen zu meditieren, werden Sie sich bewusst, wie oft Sie sich im Alltag von Dingen ablenken lassen. Nun lernen Sie, sich auf eine bestimmte Sache zu fokussieren und Ihr Bewusstsein zu beruhigen. Der Herzschlag und die Atmung fährt herunter, was eine positive Auswirkung auf die eigene Psyche hat. Es können sogar Endorphine freigesetzt werden, die zu Glücksgefühlen führen und Sie unempfindlicher gegenüber Schmerzen werden lassen. Durch das Zusammenspielen dieser positiven Wirkungen erreichen Sie eine tiefe Entspannung, was Stresszustände vermindert. So können Sie neue Energie tanken.

Es gibt somit einige Gründe, warum Sie anfangen sollten zu meditieren. Hier sind sieben davon aufgeführt:

Meditation hilft Ihnen dabei Stress abzubauen

Körper und Geist werden durch Stress beeinträchtigt. Bei all den Alltagsproblemen haben viele Menschen allerdings Schwierigkeiten damit, ganz abzuschalten und sich von äußerlichen Einflüssen frei zu machen. Meditation kann Ihnen dabei helfen.

Forschungen haben ergeben, dass meditierende Menschen sich nicht mehr so sehr gestresst fühlen, und dass zudem bei Ihnen das Stress-Hormon Cortisol in geringeren Mengen ausgeschüttet wurde.

Meditation führt zu positiven Veränderungen im Gehirn

Bei einer Forschung wurde festgestellt, dass Testpersonen, die jeden Tag 40 Minuten mit Meditation verbracht haben, eine dickere Großhirnrinde hatten, als diejenigen, die nicht meditierten. Dementsprechend sind die Gehirne langsamer gealtert. Die Dicke der Großhirnrinde lässt zudem auf die Entscheidungsfindung, Aufmerksamkeit und Gedächtnisleistung schließen.

Meditation fördert die Kreativität

Das kreative, strategische und visionäre Denken werden im Neocortex verarbeitet. Zudem werden in dieser Gehirnregion das soziale Verhalten und die Lösung eines Problems gesteuert. Dass der Neocortex überhaupt erst aktiv wird, hängt am limbischen System, das für Emotionen, Motivationen und Erinnerungen zuständig ist.

Sollte das limbische System aktiv sein, weil wir ein emotionales Ungleichgewicht haben oder uns nicht wohl fühlen, muss sich das Gehirn darum kümmern, diese Emotionen zu verarbeiten. Wir sind nicht mehr in der Lage kreativ tätig zu werden, da im Neocortex die Ideen nicht mehr verarbeitet werden.

Meditation hilft Ihnen dabei, Ihre Emotionen besser unter Kontrolle zu haben, und Ihr Gehirn dabei zu unterstützen, das kreative Denken wieder zu aktivieren.

Meditation hilft gegen Depressionen

In einer Studie der Lund University konnte bewiesen werden, dass Meditation bei Depressionen oder Angststörungen genauso helfen kann wie eine kognitive Verhaltenstherapie. Der Leiter der Studie, Jan Sundquist, erklärte: „Achtsamkeits-Übungen in der Gruppe sollten als Alternative zu individueller Psychotherapie in Erwägung gezogen werden, insbesondere in staatlichen Kliniken, die nicht jedem eine individuelle Behandlung anbieten können."

Meditation trägt zur Linderung von Schmerzen bei

Eine Studie hat ergeben, dass der Grad der Schmerzempfindung bei der Meditation um 40 Prozent verringert werden kann, während auch starke Schmerzmittel, wie Morphium, die Schmerzen im Normalfall nur um ca. 25 Prozent lindern.

Die Gehirnregionen, die für die Schmerzen verantwortlich sind, waren bei der Meditation so gut wie nicht aktiv. Das zeigten Scans vom Gehirn der Testpersonen.

Durch Meditation haben Sie einen besseren Schlaf

Durch eine Studie wurde belegt, dass meditierende Menschen nachts einen besseren Schlaf haben. Die beteiligte Wissenschaftlerin Holly Rau sagte: „Menschen, die Achtsamkeitsübungen praktizieren, sind in der Lage, ihre Gefühle und ihr Verhalten während des Tages besser zu kontrollieren. Zusätzlich besteht ein Zusammenhang zwischen Achtsamkeit und geringerer Aktivität zur Schlafenzeit, was auf Vorteile für die Qualität des Schlafs und die Fähigkeit, Stress zu kontrollieren, hindeutet."

Die Meditation befreit den Geist von den Gedanken, über die wir abends grübeln, und wir daher nicht einschlafen können.

Meditation macht Sie nicht nur zu einem glücklicheren, sondern sogar zu einem besseren Menschen

Allein die Vorteile, die wir selbst durch die Meditation haben, sind erstaunlich. Auch unsere Mitmenschen haben Vorteile davon, dass wir Achtsamkeit trainieren.

Laut einer Studie der Harward University sind Menschen, welche Meditation praktizieren, mitfühlender. Laut den Forschern führt dies dazu, dass wir gerne Gutes tun.

Wenn wir unsere Gedanken und Gefühle selbst bewusst beeinflussen, lassen wir uns auch nicht von negativen Einflüssen steuern und übertragen diese schlechten Stimmungen nicht auf andere Menschen. Im Gegenteil, wir verbreiten positive Energie.

3. Was benötigen Sie zur Meditation?

Wie bereits erwähnt, können Sie orts- und zeitunabhängig meditieren. Sie können jederzeit ohne irgendwelche Hilfsmittel meditieren, da Sie diese nicht unbedingt brauchen. Allerdings können einige Utensilien für die Meditation hilfreich sein. Nutzen Sie gerne einige von ihnen. Achten Sie aber unbedingt darauf, welches Anschaffungen Sie tätigem. Es wird heutzutage sehr viel Meditationszubehör angeboten, das gar nicht benötigt wird. Zudem haben einige verschiedene Dinge den gleichen Nutzen und Sie brauchen sich, wenn überhaupt, nur eines davon anschaffen. Wählen Sie hierbei am besten nach Ihren eigenen Vorlieben.

Zubehör, das als Unterlage verwendet wird

Meditation wird meist im Sitzen ausgeführt und dabei sollten Sie so bequem wie möglich sitzen. Daher ist es sinnvoll, wenn Sie sich ein Zubehör zum Sitzen zulegen. Dabei stehen Ihnen zwei Möglichkeiten zur Verfügung, entweder eine Meditationsbank oder ein Meditationskissen. Ein Kissen ist förderlich, da Sie mit diesem Ihre Wirbelsäule besser aufrichten können. Sie können Meditationskissen in unterschiedlichen Formen auswählen, es gibt sie beispielsweise in rund oder halbmondförmig. Zudem sind sie in verschiedenen Höhen verfügbar. Beides Zubehör unterstützt die freie Bauchatmung und Sie sind in der Lage länger aufrecht zu sitzen. Es gibt aber auch Unterschiede. Jeder muss selbst entscheiden, was ihm lieber ist. Dabei sollte darauf geachtet werden, was das Zubehör erfüllen soll.

Das Meditationskissen kann in einer Tasche transportiert werden und so problemlos mitgenommen werden. Bei einer Meditationsbank ist dies nicht so einfach möglich, weil sie weniger flexibel ist. Es gibt allerdings Modelle, die zusammenklappbar sind, trotzdem sind diese nicht so praktisch wie ein Kissen. Sie sind eher dafür gedacht, dass sie zuhause platzsparender verstaut werden können. Auch bei den Bänken gibt es Unterschiede, sie sind mit und ohne Polster erhältlich. Die Meditationsbänke mit einem Polster bieten einen höheren Sitzkomfort. Zudem sind auch ein paar Modelle höhenverstellbar. Das bietet sich vor allem an, wenn die Bank von mehreren genutzt wird. Wenn Sie gerne auch außerhalb Ihres Zuhauses meditieren, bietet sich eher ein Kissen an.

Natürlich können Sie auch einfach auf einem Stuhl, oder auch einem Hocker meditieren.

Falls Sie im Liegen meditieren, sollten Sie sich auf alle Fälle eine Yogamatte anschaffen. Es ist nicht nur eine weiche Unterlage, sie wärmt zudem. Bei längeren Meditationen können Sie eine Decke auf die Matte legen, damit Sie nicht auskühlen.

Die richtige Kleidung

Sie können die Meditationsbekleidung in vielen verschiedenen Varianten finden. Da fällt die Entscheidung für die richtige Kleidung schwer. Allerdings benötigen Sie nicht unbedingt eine spezielle Kleidung zum Meditieren. Sie können sogar Ihre Alltagskleidung anbehalten. Es empfiehlt sich allerdings dabei etwas zu tragen, das bequem und atmungsaktiv ist. Dafür eignen sich auch Sportkleidung, wie eine leichte Hose und ein T-Shirt. Das einzig Wichtige dabei ist, dass Sie sich in der Kleidung wohlwühlen. Innerhalb des Hauses brauchen Sie keine Schuhe tragen. In der Natur ist es allerdings besser welche zu tragen, da Sie sich sonst leicht Verletzungen an den Füßen zuziehen können. Wählen Sie einfach ein Paar bequeme Schuhe.

Weiteres Zubehör

Spezielle Gebetsketten können vor allem bei der Mantrameditation helfen. Sie sind aus unterschiedlichen Materialien gefertigt, es gibt sie zum Beispiel aus Steinen oder Holz. Vergleichbar sind sie mit einem Rosenkranz und können Ihnen dabei behilflich sein, sich auf das Mantra zu konzentrieren. Sie unterstützen Sie dabei, die Mantren zu zählen und die Konzentration wird dadurch gefördert, dass Sie die Perlen verschieben. Es ist aber jedem selbst überlassen, ob die Ketten benötigt werden oder ob Sie lieber darauf verzichten.

Zu empfehlen ist zudem Meditations- oder Entspannungsmusik. Diese können Sie auf CD kaufen, es gibt entsprechende mit unterschiedlicher Musik. Sie enthalten entweder gleichmäßige Melodien, asiatische Klangschalenmusik, zudem gibt es CDs mit Naturgeräuschen. Durch die Musik können Sie leichter entspannen und diese unterstützt Sie so bei der Meditation. Sie hilft Ihnen dabei, dass Ihr Geist nicht von äußerlichen Einflüssen abgelenkt wird, da er komplett auf die Musik fokussiert ist. Manche meditieren aber auch lieber bei Stille. Daher muss jeder für sich herausfinden, was am besten funktioniert.

Richten Sie sich einen Platz zur Meditation ein, an dem Sie sich wohlfühlen

Schön ist es, wenn Sie sich einen kleinen Raum oder eine Ecke in diesem einrichten können. Sie können sich aber auch woanders einen festen Platz schaffen, an dem Sie sich für die

Meditation zurückziehen können. Gestalten Sie sich den Ort nach Ihrem Geschmack, stellen Sie ein paar Kerzen auf, hängen Sie ein paar schöne Bilder auf oder platzieren Sie eine Buddha oder Ganesha Statue, je nachdem was Ihnen gefällt.

Was noch hilft, um zu entspannen.

Zum passenden Ambiente können Kerzen oder Duftlampen beitragen. Achten Sie aber darauf, dass Sie die Kerzen niemals unbeaufsichtigt lassen. Stellen Sie die Kerzen auf eine feuerfeste Unterlage. Am besten geeignet sind Teelichter. Düfte helfen bei der Entspannung. Welche Düfte Sie verwenden und ob überhaupt, ist aber Ihnen selbst überlassen, da jeder seine eigenen Vorlieben hat.

Wenn Sie Düfte suchen, die besonders bei der Entspannung helfen, wählen Sie schwere Düfte. Dagegen regen frische und fruchtige Düfte den Geist an. Sie können als Duftöl verwendet werden, das in einer Duftlampe aufbewahrt wird. Eine weitere Möglichkeit ist, getrocknete Kräuter oder Harze in einer Räucherschale zu verwenden. Viele empfinden Kerzen oder Düfte als angenehm, sie sind aber kein Muss, da auch ohne sie meditiert werden kann.

Zusammenfassend kann gesagt werden, dass jeder an jedem Ort und zu jeder Zeit meditieren kann. Dazu werden keine Hilfsmittel benötigt, aber es gibt einiges Zubehör, das zu empfehlen ist. Jeder muss aber individuell herausfinden, was er gerne verwenden möchte und was ihm beim Meditieren hilft und was nicht unbedingt benötigt wird.

4. Lerne Meditieren – die Schritt für Schritt Anleitung

Da Sie keinerlei Zubehör zum Meditieren benötigen, keine Verpflichtung eingehen, ab jetzt immer zur gleichen Zeit am gleichen Ort zu meditieren, und das Ganze auch noch komplett kostenlos ist, gibt es keinen Grund, es nicht in diesem Augenblick einmal auszuprobieren. Das ist schließlich der Grund, warum Sie zu diesem Buch gegriffen haben.

Fangen wir also gleich an. Hier ist Ihre Anleitung, wie Sie richtig meditieren:

Die Vorbereitung

Beginnen Sie damit, sich einen schönen Meditationsplatz einzurichten, damit Sie Ihre Ruhe haben und ungestört meditieren können. Folgendes sollten Sie dazu tun:

- Richten Sie sich einen Platz ein, an dem Sie ab sofort meditieren wollen. Dazu benötigen Sie kaum etwas bis gar nichts. Eine kleine Ecke im Raum ist ausreichend. Sie können sich diese gemütlich einrichten, mit schönen Blumen oder ein paar Duftkerzen. Es ist aber auch möglich den Platz zu belassen, wie er ist, ganz pragmatisch.
- Wählen Sie eine Meditationsposition: Die Tradition des Meditierens wird auf dem Boden auf einem Meditationskissen ausgeführt. Sie können sich bequem in den Lotus- oder Schneidersitz setzen oder Sie sitzen auf den Knien. Am Anfang ist diese Position meist nicht bequem, sondern eher gewöhnungsbedürftig oder vielleicht auch schmerzhaft. Sie können daher auch

gerne auf einem Stuhl meditieren. Achten Sie dabei nur darauf, dass Sie sich nicht anlehnen. Sie sollten eine bequeme und gelöste Sitzhaltung einnehmen, da Sie sonst Probleme bekommen, zehn Minuten oder länger durchgehend zu sitzen. Polstern Sie daher gerne Ihren Sitz aus, indem Sie Ihren Rücken durch ein Kissen stützen oder den Sitz erhöhen, indem Sie sich ein Kissen unter den Po legen.

- Legen Sie eine Tageszeit fest, zu der Sie meditieren. Der Mensch liebt Gewohnheiten und eine feste Zeit hilft Ihnen dabei, die Meditation in Ihren Alltag einfließen zu lassen. Am Anfang können Sie verschiedene Zeiten ausprobieren, um herauszufinden, welche Zeit Ihnen am besten gefällt. Manche meditieren gerne am Morgen, um entspannt in den Tag zu starten. Anderen tut es gut, nach einem stressigen Arbeitstag, zu meditieren, um zur Nacht abschalten zu können.
- Richten Sie sich eine Stoppuhr ein, damit Sie nicht auf die Uhr schauen müssen, wenn Sie meditieren, und so abgelenkt werden. Für die erste Übung der Atmung ist dies noch nicht nötig, aber wenn Sie fünf oder zehn Minuten durchgehend meditieren wollen, ist es gut, ein Signal zu bekommen, wenn die angestrebte Zeit zu Ende ist.
- Achten Sie auf die richtige Sitzhaltung: Wenn Sie auf einem Stuhl Platz genommen haben, halten Sie Ihre Beine im rechten Winkel gebeugt. Achten Sie darauf, dass zwischen den Knien noch ein wenig Platz ist. Die Füße sind parallel aufgestellt und die Fußsohlen stehen ruhig auf dem Boden. Sitzen Sie bequem und aufrecht. Ziehen Sie die Schultern nach hinten und halten Sie den Kopf gerade. Sie können Ihre Halswirbelsäule strecken,

indem Sie das Kinn leicht einziehen. Lassen Sie den Unterkiefer locker nach unten sinken und legen Sie die Zungenspitze an den Gaumen. Lockern Sie die Schultern und platzieren Sie Ihre Hände auf Ihren Oberschenkeln. Öffnen Sie leicht die Augen und konzentrieren Sie sich auf eine Stelle, die ungefähr zwei Meter vor Ihnen liegt. Sie können Die Augen aber auch schließen, wenn Sie sich so besser konzentrieren können.

Wie Sie als Anfänger richtig meditieren

Jetzt sind alle Vorbereitungen abgeschlossen. Diese Anfänger-Übung hilft Ihnen dabei, sich bewusst auf den Atem zu konzentrieren. Die Konzentration auf den Atem eignet sich ideal dazu, ins Hier und Jetzt zurückzukehren. Er ist kostenlos, steht immer zur Verfügung und mit seiner Hilfe können Sie innerhalb von Sekunden aus dem Gedankenchaos herauskommen.

Schritt 1

Nehmen Sie die Meditationshaltung ein und kommen Sie zur Ruhe.

Schritt 2

Lenken Sie Ihre Konzentration auf Ihren Atem. Achten Sie darauf, wie er in die Nase strömt und über die Lungen bis in den Brustkorb fließt. Spüren Sie, wie sich Ihre Brust hebt und senkt und folgen Sie mit ihren Gedanken dem Atemzug weiter, bis er in den Bauchraum gelangt. Können Sie fühlen, wie sich Ihr Bauch leicht hebt, wenn Sie einatmen und sich dann wieder senkt, wenn Sie ausatmen? Spüren Sie den Atemzug auch weiter, wie er durch die Nasenflügen wieder nach außen fließt.

Schritt 3

Fühlen Sie, wo Sie Ihren Atem am besten spüren? An dieser Stelle, sollten Sie ihn ohne Anstrengung spüren. Konzentrieren Sie sich auf diese Stelle und legen Sie darauf Ihre Aufmerksamkeit. Atmen Sie entspannt weiter, so wie Sie immer atmen, aber legen Sie darauf Ihre Konzentration.

Schritt 4

Nehmen Sie sich nun vor, beim Einatmen einzig und allein mit Ihrer Aufmerksamkeit beim Atmen zu bleiben. Haben Sie das erreicht, konzentrieren Sie sich genauso beim Ausatmen.

Schritt 5

Probieren Sie nun, sich für drei Atemzüge hintereinander ganz auf den Atem zu konzentrieren. Sollten Ihre Gedanken einmal abdriften, ist das völlig normal. Ärgern Sie sich darüber nicht, sondern nehmen Sie es zur Kenntnis und konzentrieren Sie sich wieder auf den Atem.

Schritt 6

Sie beenden die Meditation, indem Sie sich behutsam recken und danach in den Alltag zurückkehren.

Schon haben Sie es geschafft und zum ersten Mal richtig meditiert.

Noch ein Tipp zum Schluss: Haben Sie keine Erwartungen, es ist eine erste Übung, um Ihr Gedankenchaos zu ordnen. Üben

Sie weiter und lassen Sie sich nicht davon beeinflussen, ob es gut oder schlecht läuft. Es kommt wie es kommt.

5. Wie beende ich die Meditation richtig?

Der Zustand der Meditation muss nicht beendet werden. Er kann auch im Alltag präsent sein, dies sollte sogar angestrebt werden. Er erschöpft Sie weder noch macht er Sie antriebslos.

Zudem können Sie problemlos weiterhin Ihren alltäglichen Tätigkeiten nachgehen und damit sind nicht die reine Hausarbeit und die Zubereitung einer Mahlzeit gemeint. Dafür ist es nicht erforderlich, dass Sie durchgehend meditieren. Zwischen dem Meditieren und dem meditativen Zustand gibt es einen Unterschied.

Das Meditieren im Alltag geschieht dadurch, dass Sie alles bewusst wahrnehmen. Beim Meditieren versuchen Sie in Ihrer Mitte zu sein und richten Ihre Aufmerksamkeit auf das Meditationsobjekt, genauso können Sie im täglichen Leben alles, was Sie tun mit allen Sinnen erleben und sich bewusst sein, wer spricht, wer Fahrrad fährt oder wer läuft. Dazu aber ein wichtiger Hinweis, konzentrieren Sie sich nicht nur darauf, da Sie sonst beispielsweise beim Autofahren abgelenkt sein könnten und in gefährliche Situationen geraten.

Meditativ zu leben, bedeutet sich allem bewusst zu werden, und nicht etwas besonders langsam oder genüsslich zu tun. Es heißt auch nicht, immer ruhig und entspannt zu sein, obwohl der meditative Zustand dazu führen kann.

Die meditative Haltung ist, als ob Sie Wasser ständig erhitzen würden. Sobald es kocht, geht es in einen anderen Zustand über.

Beim Meditieren geht es darum, den Prozess voranschreiten zu lassen. Die Meditation in Gebrauch als „Sitzung“ muss daher irgendwann einmal beendet werden. Dies funktioniert am besten folgendermaßen:

Wenn Sie Ihre Sitzung abgeschlossen haben, kommen Sie langsam zurück ins Hier und Jetzt. Stehen Sie nicht überhastet auf, sondern lassen Sie die Meditation sanft ausklingen. Spüren Sie noch ein bisschen die Stille in sich und in Ihrer Umgebung und tätigen Sie ein paar tiefe Atemzüge. Bleiben Sie in diesem entspannten Zustand solange Sie mögen und kehren Sie dann langsam in den Alltag zurück.

Sie können und sollten einige Aspekte des Meditierens nach und nach in Ihr Leben mit einbeziehen. Das bewusste Atmen in den Bauch oder die Friedfertigkeit gegenüber Ihrem Selbst und anderen. Doch das kommt meist ganz von selbst.

6. Welche Sitzhaltung ist für mich geeignet?

Wenn Sie meditieren wollen, ist eine der Voraussetzungen, dass Sie für ca. 15 Minuten entspannt sitzen können. Meist sind Sie daran gewohnt auf einem Stuhl, einem Sessel oder einem Sofa zu sitzen, auf dem Boden eher weniger. Diese Sitzposition führt schnell zu Rückenschmerzen oder Ihre Füße schlafen ein. Die Meditation gelingt allerdings nicht, wenn Sie durch das Schmerzen oder Kribbeln in Körperteilen in Ihrer Konzentration abgelenkt sind. Meditationsutensilien können das Sitzen bequemer machen. Ihr Geist kann bei der Meditation nur zur Ruhe kommen, wenn Sie frei von körperlichen Einschränkungen sind.

Ein Sitzkissen sorgt für eine aufrechte Sitzposition, so dass Ihre Wirbelsäule entlastet wird. Der Bauchraum ist dabei gestreckt und dies erleichtert eine tiefe Atmung.

Die Meditationshocker und –bänke sind größtenteils aus massivem Holz gefertigt. Der Rücken wird durch die nach vorne geneigte Sitzfläche entlastet. Der Bauch wird nicht eingezwängt, so dass Sie freier atmen können. Die Unterschenkel haben genug Platz, so dass Ihre Fuß- und Kniegelenke nicht belastet werden.

Wie finde ich die richtige Sitzposition, wenn ich zum ersten Mal meditiere?

Sofern Sie keine körperlichen Beschwerden haben, wählen Sie die Sitzhaltung, die für Sie am bequemsten ist. Achten Sie stets darauf, Ihren unteren Rücken gerade zu halten und dass Sie angenehm und schmerzfrei sitzen. Legen Sie keinen zu großen

Ehrgeiz an den Tag, die Sitzposition soll für die gesamte Dauer der Meditation angenehm sein. Probieren Sie unterschiedliche Sitzhaltungen aus. Wenn Sie gerade erst anfangen, das Meditieren zu lernen, werden Sie höchstwahrscheinlich nicht für eine längere Zeit sitzen können. Strecken Sie dann gerne kurz Ihre Beine aus oder dehnen Sie den Rücken. Je mehr Sie üben, desto länger werden Sie bei der Meditation schmerzfrei sitzen können.

Sollten Sie Knie- oder Ischiasbeschwerden haben, sollten Sie keine Sitzposition mit gekreuzten Beinen wählen. In dieser Position ist die Belastung auf die Knie zu hoch und es herrscht ein zu großer Druck auf den Ischias Nerv. Wählen Sie entweder den Fersensitz oder nutzen Sie eine Meditationsbank.

Wählen Sie keine Sitzhaltung, bei der die Belastung auf den Beinen liegt, sofern Sie unter Durchblutungsstörungen leiden. Nutzen Sie auch in diesem Fall eine Meditationsbank oder meditieren Sie auf einem Stuhl.

Das wichtigste an der Sitzhaltung bei der Meditation ist, dass Sie möglichst bequem sitzen, damit diese nicht durch Schmerzen oder ein Taubheitsgefühl gestört wird. Es gibt verschiedene Sitzhaltungen, in denen Sie meditieren können. Bei jeder Haltung kommt es darauf an, dass Sie mit geradem Rücken und aufgerichtet sitzen. Der Bauchraum sollte nicht angespannt sein, weil ansonsten der Atem nicht ungehindert fließen kann.

In der Folge erhalten Sie einen Überblick über verschiedene Sitzhaltungen:

Der Schneidersitz (Sukhasana) ist besonders gut geeignet, wenn Sie mit dem Meditieren beginnen. Diese Sitzhaltung nehmen Sie ein, indem Sie sich zuerst auf den Boden setzen und die Beine nach vorne ausstrecken. Sie können auch auf einem Sitzkissen Platz nehmen. Probieren Sie nun einen bequemen Sitz zu finden, indem Sie Ihren Po ein wenig hin- und her bewegen. Sobald Sie diese gefunden haben, kreuzen Sie die Beine. Achten Sie darauf, dass Ihr Rücken gerade ist und sich mit dem Kopf auf gerader Linie befindet. Die Schultern lassen Sie entspannt nach unten sinken und platzieren Sie Ihre Hände mit nach oben gerichteten Handflächen auf den Oberschenkeln.

Die bequeme Sitzhaltung (Muktasana) ist ebenfalls geeignet, wenn Sie mit dem Meditieren erst am Anfang stehen und gleicht dem Schneidersitz. Suchen Sie sich eine bequeme Sitzhaltung auf dem Boden oder einem Sitzkissen, indem Sie die Sitzhöcker spüren. Strecken Sie die Beine nach vorne und beugen Sie danach das linke Bein und schieben Sie die linke Hacke an Ihr Schambein. Danach beugen Sie auch das rechte Bein und legen die rechte Hacke vor der linken ab. Halten Sie den Rücken gerade und die Schultern entspannt. Platzieren Sie auch hier Ihre Arme mit nach oben gerichteten Handflächen auf den Oberschenkeln.

Zudem ist der Fersensitz (Vajrasana) für Anfänger geeignet. Dabei liegen Ober- und Unterschenkel übereinander und Sie setzen sich auf Ihre Fersen. Die Oberschenkel sind in gerader Haltung nach vorne ausgerichtet. Sitzen Sie mit geradem Rücken, die Schultern sind entspannt und sinken nach unten, die Arme legen Sie auf Ihre Oberschenkel ab. Damit die Haltung bequemer wird, können Sie die Unterschenkel leicht auseinander ziehen und ein Kissen dazwischen legen, so dass Ihre Knie und Hüftgelenke nicht so stark belastet werden.

Der halbe Lotussitz (Ardha Padmasana) ist für Fortgeschrittene gedacht. Setzen Sie sich zuerst mit gegrätschten Beinen auf den Boden. Achten Sie darauf, dass Ihr Rücken gerade ist und der Kopf aufrecht. Knicken Sie nun

Ihr rechtes Bein und bewegen Sie Ihren rechten Fuß zu der Innenseite Ihres linken Oberschenkels. Wiederholen Sie dies mit Ihrem linken Bein und platzieren Sie Ihren linken Fuß auf Ihren rechten Oberschenkel. Die Knie sollten möglichst nahe am Boden sein. Der Rücken, der Nacken und der Kopf sind aufgerichtet und die Hände liegen auf den Knien. Atmen Sie ruhig und richten Sie sich mit jeder Einatmung etwas mehr auf.

Der vollständige Lotussitz (Padmasana) ist sehr stabil, aber auch die anspruchsvollste Sitzhaltung, daher ist er für Profis geeignet. Nehmen Sie auf dem Boden Platz und richten Sie Ihre Beine nach vorne. Achten Sie auch hier auf einen geraden Rücken. Nehmen Sie zuerst den halben Lotussitz ein, wie oben beschrieben. Danach richten Sie die Fußsohle Ihres linken Fußes nach oben. Ziehen Sie den Fuß soweit in Richtung des rechten Oberschenkels, wie es Ihnen ohne Schmerzen möglich ist, und legen Sie ihn dort ab. Halten Sie Ihren Rücken gerade, senken Sie Ihre Schultern entspannt und platzieren Sie Ihre Arme mit nach oben zeigenden Handflächen auf Ihren Oberschenkeln.

7. Die verschiedenen Meditationshaltungen

Die Meditation kann in verschiedenen Haltungen ausgeführt werden. Wichtig ist, dass Sie eine aufrechte und ruhige Haltung oder eine liegende Position einnehmen, in der Sie längere Zeit verweilen können. Diese Position wird begünstigt, wenn sich auch Ihr Geist sowie Ihre Gedanken beruhigen. Nehmen Sie eine natürliche Körperhaltung ein, es sollte weder zu viel Anstrengung erforderlich sein noch eine zu große Entspannung folgen.

In der Meditationshaltung sollen Sie wach und präsent bleiben. Sollten Sie Probleme bei der Sitzhaltung haben, strengen Sie sich zu sehr an und Ihr Geist wird Widerstand dagegen leisten oder Ihre innere Aufregung steigt zu sehr. Bei zu viel Entspannung werden Sie langsam schläfrig und dösen möglicherweise sogar vor sich hin. Das Gefühl für Ihre Mitte zu bekommen, erreichen Sie durch Übung. Beginnen Sie daher langsam mit der Meditation und steigern Sie die Dauer der Übung Stück für Stück.

Meditation im Sitzen

Achten Sie darauf, dass Ihr Rücken gerade ist und das Kinn parallel zum Boden ist. Die Hände können Sie entweder auf den Knien abstützen oder in den Schoß legen. Bilden Sie bei den sitzenden Meditationshaltungen mit Ihrem Körper ein stabiles Dreieck. Somit haben Sie einen festen Halt, was Sie ausgeglichener macht. Davon ausgenommen sind der Fersensitz oder wenn Sie auf einem Stuhl meditieren. Die verschiedenen Sitzhaltungen wurden im vorigen Kapitel beschrieben.

Hier noch einmal einige Tipps, die Ihnen helfen, Ihre körperliche Mitte zu finden und über einen längeren Zeitraum bequem sitzen zu können:

1. Die Knie sollten unterhalb der Hüfte liegen, da so die Wirbelsäule natürlich aufgerichtet wird und Sie weder einen Rundrücken noch ein Hohlkreuz bilden.

2. Ziehen Sie Ihre Schultern entspannt nach hinten und unten, so wird das Brustbein nach vorne gedehnt.

3. Winkeln Sie die Arme aus den Ellenbogen heraus nach vorne.

4. Die Hände sind entweder auf den Beiden oder im Schoß platziert, achten Sie aber darauf, dass die Arme keiner Haltung bedürfen.

5. Strecken Sie ein wenig Ihren Nacken, damit er gerade ist. Stellen Sie sich vor, dass Ihr Kopf sanft von einem Bindfaden nach oben gezogen wird.

6. Ziehen Sie das Kinn leicht zurück, damit die Ohren auf einer Linie mit den Schultern sind.

7. Die Atmung wird nicht beeinflusst, sondern fließt in ihrem eigenen Rhythmus.

8. Pendeln Sie mit kleinen Kreisbewegungen Ihres Oberkörpers Ihre eigene Mitte ein und bleiben Sie ruhig sitzen, sobald Sie ihre Position gefunden haben.

9. In der Anfangszeit sollten Sie regelmäßig Ihre Position überprüfen, bis Sie über einen längeren Zeitraum (bis zu 45 Minuten) ruhig sitzen können.

Meditation im Stehen

Sie können ein paar Meditationen, wie die Vollatmung, auch gut im Stehen ausführen. Es gibt auch Mediationen, wie die Geh-Meditation, die eine stehende Haltung voraussetzen. Achten Sie darauf, dass Sie Ihren Rücken gerade halten und einen stabilen Stand haben, in dem Sie nicht verkrampfen.

Meditation im Liegen

Es gibt bestimmte Atemübungen, die am besten im Liegen funktionieren. Das ist der Fall, wenn die Übung darauf abzielt, gezielt in den Bauch zu atmen. Dies funktioniert im Stehen oder Liegen am besten, da im Sitzen der Bauch eher angespannt wird. Autogenes Training und der Body Scan können ebenfalls am besten im Liegen ausgeführt werden, da Sie so die einzelnen Körperregionen besser wahrnehmen können.

Manche Menschen haben das Problem, dass sie immer wieder bei der Meditation im Liegen einschlafen. Das ist zwar nicht schlimm, da dies ein Zeichen für eine tiefe Entspannung ist. Wenn Ihnen dies allerdings häufiger passiert, haben wir ein paar Tipps für Sie, damit Sie nicht mehr so schnell einschlafen. Das Ziel der Meditation ist schließlich das bewusste Wahrnehmen und nicht einzuschlafen.

- Wählen Sie eine andere Uhrzeit, zu der Sie meditieren. Wenn Sie spät abends beim Meditieren häufiger einschlafen, meditieren Sie lieber am Morgen oder am Nachmittag.
- Achten Sie darauf, dass der Raum, in dem Sie meditieren gut durchlüftet ist und Licht hineinscheint.

- Wechseln Sie die Körperhaltung und versuchen Sie im Stehen oder Sitzen zu meditieren, das hält sie wach.
- Wenn Sie die Beine beim Meditieren anwinkeln, ist die Einschlafgefahr nicht mehr so groß.

Neben den unterschiedlichen Körperhaltungen gibt es auch bestimmte Handstellungen, den Mudras. Auch hier ist die Devise, dass alles erlaubt ist, solange Sie sich dabei wohl fühlen.

Wenn Sie im Sitzen meditieren, können Sie Ihre Hände auf Ihren Oberschenkeln, Ihren Knien oder auf Ihrem Schoß platzieren.

Die bekannteste Handhaltung ist das Mudra der Entspannung. Hierbei legen Sie Ihre Hände auf die Knie, dabei sind die Handrücken nach unten gerichtet, und berühren Sie mit den Daumen Ihre Zeigerfinger. Spreizen Sie die restlichen Finger. Genauso können die Handrücken nach oben gerichtet werden und die Finger zeigen nach unten.

Wenn Sie im Fersensitz oder auf einem Stuhl meditieren, können Sie die Hände in ihren Schoß legen. Legen Sie den linken Handrücken auf die rechte Handfläche oder umgekehrt, dabei berühren sich die Daumen. Bei der Meditation im Liegen, legen Sie die Arme neben Ihrem Körper ab, dabei sind entweder die Handrücken oder die Handflächen nach oben gerichtet.

8. Die 10 besten Meditationsübungen, um Ihre innere Ruhe widerherzustellen

Energie tanken

Dies ist eine Übung, die sich als mentaler Einstieg für die übrigen Meditationen eignet.

1. Atmen Sie mehrmals tief ein. Stellen Sie sich, wenn Sie einatmen vor, dass mit der Inhalation gleichzeitig ein Schwall von Energie in Sie strömt. Schließen Sie Ihre Augen und spüren Sie, wie die Energie durch Ihren ganzen Körper fließt, von den Ohren, über das Kinn, den Hals, den Oberkörper, den Unterkörper, die Beine bis in die Zehen.

2. Die Energie strömt in die Körperteile, wenn Sie tief einatmen.

Erd-Meditation

1. Nehmen Sie eine bequeme Haltung ein und befreien Sie sich von all Ihren Gedanken.

2. In Ihrem Inneren sind Sie von frischer Erde umschlossen. Nehmen Sie die Erde mit all Ihren Sinnen wahr, den Geruch und das Gefühl auf der Haut.

3. Inhalieren Sie die Luft und atmen Sie wieder aus. Nehmen Sie bei jeder Inhalation die Erde in sich auf, bis sich bei Ihnen ein angenehmes Gefühl von Schwere einstellt.

4. Beim Ausatmen entfernen Sie sich wieder von der „Erde“ und fühlen Sich frei und unbeschwert, wenn Sie die Meditation beendet haben.

Lichtkugel-Meditation

Mit dieser Übung können Sie innere Sperren aufheben und Ihre Batterien wieder auffüllen.

1. Legen Sie sich in die Senkrechte und ziehen Sie Ihre Beine zu sich heran, die Fußsohlen liegen dabei flach auf dem Boden.

2. Stellen Sie sich vor ihrem inneren Auge ein warmes Leuchten vor, das über Ihnen ist. Beachten Sie, dass Sie entspannt tief ein- und wieder ausatmen und denken Sie daran, dass das Leuchten bei jeder Inhalation in Ihren Körper fließt.

3. Gedanklich sammelt sich das Leuchten in Ihrem Körper, besonders in der Region unterhalb Ihres Bauchnabels. Denken Sie sich einen warmen Lichtkegel, der sich dort ausbreitet und von dort aus in den ganzen Organismus strahlt.

Die Meditation der Weite

Die Übung bereitet Sie auf eine Ruhepause vor.

1. In Gedanken stehen Sie auf einem Felsen, der von Wasser umgeben ist. Das Wasser ist ruhig und alles um sie herum ist absolut still.

2. Wenn Sie in das Meer blicken, sehen Sie nichts als den tiefen Ozean, in dem sich die Sonnenstrahlen spiegeln.

3. Blicken Sie in die Ferne und sehen Sie die weißen Wölkchen, die am Himmel stehen.

4. Jetzt stellen Sie sich vor, dass das Wasser in Ihren Organismus fließt. Tauchen Sie bis zum Grund hinab, dort herrscht absolute Stille.

5. Stellen Sie sich vor, Sie wären die Weite des Meeres und die Stille, denken Sie am besten an gar nichts.

Meditation am offenen Feuer

1. Halten Sie die Augen geschlossen und denken Sie an ein Feuer. Richten Sie Ihre Konzentration auf den Geruch und hören Sie, wie die Flammen knistern.

2. Richten Sie Ihre Konzentration komplett auf die Mitte Ihres Körpers, hier brennt das Feuer, dieses fügt Ihnen allerdings keinen Schmerz zu. Das Feuer fließt durch Ihren Körper und spendet Wärme, Gelassenheit, Energie und Frieden.

3. Haben Sie eine Feuerkugel vor Augen, die Sie komplett umgibt und Sie mit Schutz und Geborgenheit versorgt.

4. Wenn Sie die Meditation beenden, löschen Sie langsam das innere Feuer. Atmen Sie die „Wärme" aus, bis das Feuer immer wenig wird und am Ende nicht mehr vorhanden ist.

5. Mit der Hitze verschwinden der Stress, Ärger und alle Gedanken, die Sie belasten. Sie fühlen sich rein und frei.

Blumen-Meditation

1. Schauen Sie ein paar Sekunden eine Blume an. Konzentrieren Sie sich auf die Blume und malen Sie sich aus, selbst die Pflanze zu sein und, dass diese auf Ihrem Herzen wächst.

2. Konzentrieren Sie sich nun auf ein spezielles Blütenblatt, welches die Keimform der Wirklichkeitsexistenz verkörpert.

3. Nach einigen Minuten konzentrieren Sie sich wieder auf die gesamte Blüte. Richten Sie Ihre Konzentration mal auf die gesamte Blume und dann wieder auf ein einzelnes Blütenblatt. Denken Sie am besten nichts. Bestenfalls sind Ihre Augen halb geöffnet und in Ihr Kopf ist frei von Gedanken.

4. Halten Sie Ihre Augen nun geschlossen und probieren Sie, die Blume in Ihrem Herzen zu sehen. Richten Sie Ihre Aufmerksamkeit auf die Pflanze und Ihr Herz.

Pferde-Meditation

Diese Übung hilft Ihnen zu regenerieren, wenn Sie vor lauter Stress nicht mehr wissen, wo Ihnen der Kopf steht. Die Pferde-Meditation eignet sich auch für eine kurze Auszeit zwischendurch.

1. Sie können die Meditation im Liegen oder Sitzen ausführen, wichtig ist, dass Sie eine bequeme Haltung einnehmen, seien Sie locker und entspannt.

2. Vorteilhaft wäre es, wenn Sie sich in einem abgedunkelten Raum begeben. Schließen Sie auf alle Fälle die Augen.

3. Stellen Sie sich vor, sie wären auf einer sonnigen Weide. Dort wächst kein Strauch und kein Baum und es befindet sich auch kein Gebäude in der Nähe. Vor Ihnen befindet sich nur der Horizont. In der Ferne grast ein strahlend weißer Schimmel im Sonnenlicht. Das Pferd bemerkt Sie und kommt Ihnen entgegen. Sie fühlen seine sanften Nüstern und die Wärme, die er beim Ausatmen abgibt, verbreitet sich auf Ihrem Körper.

4. Ihr ruhiger Atem passt sich dem Rhythmus des Pferdes an.

5. Blicken Sie dem Tier kurz in seine dunklen Augen. Fassen Sie dem Pferd an die Stirn und streichen langsam über die lange Mähne, den Hals, die Schultern, bis Sie an dem leicht geschwungenen Rücken angekommen sind.

6. Springen Sie auf den Rücken des Pferdes. Das herrliche Tier fällt in einen Trab, ändert die Geschwindigkeit und wechselt in einen flotten Galopp und schwebt schließlich in die Lüfte.

7. Richten Sie Ihre Aufmerksamkeit auf den Rhythmus der Sprünge, sie werden nach und nach sanfter und schwächer. Der Ritt führt Sie in einen Nebel, der weiß und hell ist. Mit der Zeit können Sie die Umrisse des Tieres nicht mehr sehen, strecken Ihre Arme aus und schweben nun von allein.

8. Mit jedem Schlag Ihrer Arme kommen Sie der Sonne näher. Nach einer Zeit wechseln Sie in die Senkrechte, platzieren Ihre Arme an den Körper und kommen zurück auf die Erde.

Vipassana-Meditation

Diese Übung wird in einen Zeitraum zwischen 30 und 60 Minuten ausgeführt. Stellen Sie sicher, dass Sie während der Meditation nicht gestört werden, beispielsweise durchs Telefon.

1. Finden Sie eine bequeme Sitzhaltung und lenken Sie Ihre Aufmerksamkeit auf Ihren Atem. Jeder Atemzug vertreibt die Spannung. Ihr Kopf ist frei und Sie denken an nichts.

2. Beim Ein- und Ausatmen entspannt sich Ihr Körper.

3. Ballen Sie zuerst die Faust und strecken Sie dann den Zeigefinger aus.

4. Atmen Sie mit geschlossenen Augen ein und wieder aus. Dabei konzentrieren Sie sich auf nichts.

5. Wenn Ihr Kopf komplett frei ist, konzentrieren Sie sich auf Ihren Zeigefinger. Nach einigen Minuten fängt der Zeigefinger im Idealfall an zu kribbeln.

Samatha-Meditation

1. Finden Sie eine bequeme Körperhaltung und halten Sie Ihre Augen geschlossen.

2. Entspannen Sie sich und lenken Sie Ihre Konzentration auf Ihre Atmung. Spüren Sie, wie sich Ihr Brustkorb bei jedem Atemzug bewegt.

3. Behalten Sie die Konzentration ausschließlich auf die Atmung und den Bewegungen Ihres Brustkorbs bei. Verdrängen Sie alle anderen Gedanken.

4. Verfallen Sie nicht in einen Schlummerzustand, sondern bleiben Sie hellwach. Alles was Sie von Ihrer Konzentration auf die Atmung ablenken könnte, wie Bilder, Gefühle, und Gedanken, verwerfen Sie so schnell wie möglich.

5. Schon bald stellt sich ein Gefühl von Glück ein und daneben verschärft sich Ihr Bewusstsein.

Wasser-Meditation

1. Legen Sie sich hin und nehmen Sie Ihre Atmung bewusst wahr.

2. Denken Sie mit geschlossenen Augen an einen riesigen Ozean mit türkisblauem Wasser, der Sie vollkommen umschließt. Mit jeder Einatmung breitet sich das Gefühl in Ihnen aus, dass Ihnen das Schwimmen im klaren Wasser leicht fällt und Sie sich frei fühlen.

3. Mit jedem Atemzug spüren Sie, wie mit dem erfrischenden Wasser neue Energie in Ihren Körper fließt.

4. Atmen Sie ca. 60 Mal ein.

5. Danach atmen Sie 60 Mal aus. Das Wasser strömt aus Ihrem Körper hinaus, bis Sie sich wieder normal fühlen.

9. Fehler, die Sie unbedingt beim Meditieren vermeiden sollten

Fehler 1 – Unbequem sitzen

Die erste Voraussatzung zum Meditieren ist, bequem zu sitzen. Mit der richtigen Sitzhaltung schonen Sie nicht nur bei der Meditation Ihren Körper und vermeiden Langzeitschäden. Der bequeme Sitz bei der Meditation ist so wichtig, weil Sie fokussiert und entspannt sein wollen, Schmerzen bewirken das Gegenteil. Es ist nicht nötig, dass Sie im Lotussitz sitzen, probieren Sie verschiedene Haltungen aus, bis Sie ihre ideale Position gefunden haben. Sie können auch einen Hocker oder eine Unterlage zur Hilfe nehmen. Alternativ können Sie im Stehen oder Liegen meditieren.

Fehler 2 – Erwartungen haben und enttäuscht sein, wenn sie nicht erfüllt werden

Bei der Meditation löst sich etwas in Ihnen. Sie gelangen Stück für Stück zum göttlichen Kern. Jeder Weg ist dabei anders, genauso wie Ihre Empfindungen. Sie müssen nicht in Ekstase fallen, damit die Meditation effektiv ist. Es kann sein, dass Sie sich nach einer Übung benommen oder schwindelig fühlen, genau in diesem Moment kann sich bei Ihnen eine Blockade gelöst haben. Wenn Sie mit bestimmten Erwartungen an die Meditation herangehen, werden Sie enttäuscht. Anstatt sich dann zu ärgern, entspannen Sie sich lieber. Beobachten Sie was passiert und akzeptieren Sie es.

Fehler 3 – Keine Disziplin haben

Sollten Sie für sich feststellen, dass Meditation nichts für Sie ist, dann machen Sie auch nicht damit weiter. Sie sollen sich dabei wohlwühlen. Wenn Sie jedoch langfristige Ergebnisse erzielen wollen, müssen Sie regelmäßig üben. Eine gute Basis ist es, einmal täglich zu meditieren. Sie müssen keine einstündige Übung durchführen, fünf Minuten sind für den Anfang ausreichend. Machen Sie die Meditation zu einer Gewohnheit und steigern Sie sich langsam. Wenn Sie es einmal nicht schaffen, ist das nicht schlimm, aber bleiben Sie dran. Es wird sich lohnen.

Fehler 4 – Die Bodenhaftung verlieren

Sie werden das erste Mal mit Ihrer inneren Welt, Ihrer Seele in Kontakt treten und das kann so berauschend sein, dass Sie alles andere vergessen. Der Alltag, der Sie bisher umgeben hat, gerät ins Hintertreffen. Das ist ganz normal, bei all den schönen Erfahrungen, die Sie das erste Mal machen. Passen Sie aber auf, dass dies nicht zum dauerhaften Zustand wird und Sie zurück ins normale Fahrwasser kommen. Lassen Sie sich nicht von der Schönheit Ihrer Gedanken blenden. Übertragen Sie Ihre inneren Erfahrungen in alle Bereiche Ihres Lebens. Nutzen Sie Ihre gesteigerte Achtsamkeit und Ihre innere Stärke, um bewusst das aktive Leben zu betrachten.

Fehler 5 – Ausgelaugt meditieren

Wenn Sie müde sind, können Sie sich nur noch schlecht konzentrieren und nehmen nicht mehr alle Details war. Es ist leichter, sich ausgeruht und voller Energie auf den inneren Weg zu begeben. Achten Sie darauf, dass Sie genügend schlafen. Gegen Erschöpfung helfen körperliche Bewegung,

Sonnenlicht und ein Aufenthalt an der frischen Luft. Gut ist es, am frühen Morgen zu meditieren, da dann der Kopf noch frei ist. Achten Sie auf die Signale Ihres Körpers.

Fehler 6 – Zu glauben, mit Meditation allein lösen sich Probleme in Luft auf

Mit Meditation erfahren Sie mehr über Ihr inneres Wesen. Sie wissen danach, dass sich etwas Unbesiegbares in Ihnen befindet. Allerdings ersetzt die Meditation kein aktives Handeln. Egal, ob Sie sich in Ihrem Beruf oder Ihrer Beziehung nicht wohl fühlen, diese Probleme werden sich nicht allein durch das Meditieren lösen. Die Meditation kann Ihnen dabei helfen, nun etwas in Angriff zu nehmen, was Sie schon lange tun wollten. Stehlen Sie sich nicht aus Ihrer Verantwortung. Meditation wird Ihre Persönlichkeit entwickeln, handeln müssen Sie aber immer noch selbst.

Fehler 7 – Häufig zu meditieren anstatt bewusst zu meditieren

Wir alle kennen das: Sie nehmen sich vor, 30 Minuten zu meditieren, aber während der Übung driften Ihre Gedanken ab und Sie lassen sich ablenken. Bevor Sie zu lange meditieren, achten Sie besser auf Ihren Fokus sowie die Intensität und Konzentration. Meditieren Sie lieber fünf Minuten mit voller Konzentration als eine halbe Stunde nur oberflächlich. Wenn es einmal nicht so läuft, halten Sie die Übung kurz, damit Ihr Fokus aufrecht bleibt. Wenn Sie Schwierigkeiten mit der Konzentration haben, achten Sie auf Ihren Atem und spüren Sie Ihren Puls.

Fehler 8 – Den Alltag zu sehr ändern zu wollen

Sehen Sie die Meditation als Ergänzung Ihres Alltags. Sie müssen nicht gleich einen Raum einrichten oder zum Himalaya reisen. Egal wie viel Sie zu tun haben, ein paar Minuten können Sie für die Meditation immer erübrigen. Meditation entwickelt sich bei einigen zu einer Lebensart, dabei wird gerne vergessen, worum es eigentlich geht. Jeden Tag sich auf die Reise in Ihr Inneres zu begeben. Das Wichtigste ist, jeden Tag Ihre Übung zu machen. Nur dann werden Sie langfristige Ergebnisse sehen.

Fehler 9 – Bei all den unterschiedlichen Meditationsarten nicht mehr zu wissen, was Sie tun sollen

Jede Tradition hat zahlreiche Unterübungen, was in der Summe eine überwältigende Vielfalt macht. Am Anfang müssen Sie ausprobieren, welche der Übungen Ihnen am besten liegt. Fühlen Sie sich mit einem Weg wohl, bleiben Sie dabei. Das Gleiche gilt für die Meditationsübung selbst. Beginnen Sie mit einer einfachen Übung und steigern Sie diese, wenn Sie damit vertraut sind. Hören Sie auf Ihren Körper und gehen Sie den Weg Schritt für Schritt.

Fehler 10 – Versuchen Sie nicht alles allein lernen zu wollen

Sie können vieles selbst tun, vor allem für die tägliche Übung können nur Sie selbst sorgen. Irgendwann werden Sie aber an einen Punkt kommen, an dem Sie nicht mehr weiter wissen. Lassen Sie sich helfen, tauschen Sie sich mit anderen aus, besuchen Sie Kurse und lernen Sie Gleichgesinnte kennen.

Besuchen Sie Gruppenmeditationen und tauschen Sie Erfahrungen aus, gerade Leute, die schon lange meditieren, können Ihnen helfen.

10. Was ist Achtsamkeit? – Welche Verbindung besteht zur Meditation

Achtsamkeit ist eine Art von Konzentration, bei der der gegenwärtige Moment wahrgenommen wird, ohne sich ein Urteil zu bilden.

Das Hier und Jetzt bewusst wahrnehmen

Wir werden ständig mit Gedanken, Emotionen und Körperempfindungen konfrontiert. Diese Gefühle haben eine komplexe Verbindung und verstärken sich teils gegenseitig. Innere und äußere Reize sorgen zusätzlich dafür, dass das Gehirn in ständiger Bewegung ist. In der Regel gelingt es uns nicht, den Strom der Gedanken bewusst zu stoppen und sind nicht dazu fähig, diesem Bewusstseinszustand entgegen zu wirken, wenn wir nicht achtsam sind.

Wir beschäftigen uns so sehr mit unserem Verstand, dass wir uns gedanklich meist bei Vergangenen oder in der Zukunft weilen. Wie urteilen über die Vergangenheit oder machen Pläne für die Zukunft.

Selten befinden wir uns gedanklich im Hier und Jetzt. So entgehen uns die entscheidenden Vorgänge, die unser Wohlbefinden beeinflussen können.

Nicht urteilen, sondern bewusst und präsent sein

Bei der Achtsamkeit wird der Geist geschult, es ist eine Art der Konzentration, um bewusst auf das Gegenwärtige zu achten. Bei der Übung der Achtsamkeit, lernen Sie bewusst und urteilsfrei das zu beobachten, was gerade geschieht.

Die Meditation ist eine formale Achtsamkeitsübung. In dieser üben Sie, die Vorgänge im Inneren und die Erscheinungen im Äußeren urteilsfrei zu betrachten. Sie halten inne, nehmen Ihre Gedanken, Emotionen und Körperempfindungen wahr und lernen, sich nicht von diesen mitreißen zu lassen. Die Wirkung von Gedanken, Gefühlen und Körperempfinden wird räumlich von den Handlungen getrennt, so dass Sie eine Alternative ausprobieren können.

Grundhaltungen der Achtsamkeit

Das bewusste und urteilsfreie Beobachten sowie das Verweilen in der Gegenwart mag sich in der Theorie leicht anhören, ist aber oftmals schwer umzusetzen. Daher ist es vorteilhaft, wenn Sie die Achtsamkeitspraxis durch Übungen für sich selbst oder in einer Gruppe entdecken, und es dann zu einer Gewohnheit werden lassen.

Durch unseren Geist sind wir es gewohnt, permanent im Unterbewusstsein zu beurteilen und ehrgeizig an unsere Ziele heranzugehen. Wir gehen davon aus, dass wir nur mit einer gewollten Anstrengung voran kommen können. Bei der Achtsamkeitsübung ist es daher wichtig, sich die Grundlagen der Achtsamkeit zu vergegenwärtigen.

Die Wirkung von Achtsamkeit

Die Betrachtung des Gegenwärtigen mit einer bewussten Wahrnehmung, ohne zu urteilen, führt zu folgendem:

- Wir lernen uns selbst besser kennen und begreifen, wie innere und äußere Prozesse miteinander verknüpft sind
- Wir erfahren, wie unsere Gedanken unsere Gefühlswelt beeinflusst

- Wir lernen immer besser zu verstehen, wie Gefühle, Emotionen sowie Körperempfindungen und unser Tun zusammenhängen
- Wir erfahren, welche Verhaltensweisen und Lehren uns bestimmen, ohne dass wir bisher davon wussten
- Wir lernen das Gegenwärtige zu akzeptieren
- Wir können uns entscheiden, ob wir weiterhin unseren Mustern folgen oder etwas Neues ausprobieren wollen
- Wir können wählen, ob wir Akzeptanz, Widerstand oder den Schritt in die Veränderung wählen wollen
- Wir entdecken unsere Menschlichkeit
- Wir können die inneren Prozesse einzeln betrachten, da sie nun räumlich voneinander getrennt sind
- Die Gedanken strömen nicht mehr geballt in uns hinein
- Wir entwickeln Anteilnahme, nicht nur an uns selbst sondern auch bei unseren Mitmenschen
- Wir steigern unsere Souveränität und handeln nicht mehr aus dem Affekt heraus
- Wir werden gleichmütiger

11. Was ist das Achtsamkeitstraining? (inkl. Übung)

Das Achtsamkeitstraining ist eine Meditationstechnik, bei der die Inhalte des Geistes beobachtet und nicht gesteuert werden. Der Meditierende heißt alle Gedanken, die in ihm aufsteigen, willkommen, ohne die Gedanken zu bewerten. Der Übende nimmt einen neutralen Standpunkt zu seinen Gedanken ein und lernt auf diesem Wege, sich nicht mit den Gedanken zu identifizieren. In allen spirituellen Traditionen gibt es Formen der Achtsamkeitsmeditation.

Zu Beginn dieses Jahrtausends hat sich in der westlichen Psychologie in Rahmen der kognitiven Verhaltenspsychologie eine Methode entwickelt, bei der Achtsamkeitstechniken zur Behandlungen von psychischen Problemen genutzt werden. Dabei spielt die Meditation im Alltag und auf die Gegenwart gerichtete Bewusstheit eine große Rolle. Achtsamkeitstechniken konnten insbesondere bei der Behandlung von Traumata, Depressionen und Angststörungen Erfolge erzielen.

Übung Achtsamkeitstraining

Das Training der Achtsamkeit am Morgen ist die leichteste und schnellste Methode, um den Tag in einem fokussierten und entspannten Zustand zu starten.

Bei den meisten Menschen läuft der Morgen so ab, dass zuerst der Wecker schrillt, sie die neusten Nachrichten auf ihrem Handy checken, sich hektisch im Bad fertigmachen, schnell noch einen Kaffee trinken und dann zur Arbeit oder Uni hetzen.

Wenn Sie schon hektisch in den Tag starten und bereits morgens vom Handy abgelenkt werden, wird der Tag höchstwahrscheinlich auch so weiter gehen.

Lösen Sie sich von dieser Routine und starten Sie stattdessen folgendermaßen:

1. Bleiben Sie nach dem Erwachen noch zwei bis drei Minuten mit offenen Augen im Bett liegen. Betrachten Sie die Decke Ihres Zimmers. Wie sieht sie aus? Hat Sie ein bestimmtes Muster? Erkennen Sie Flecken oder Besonderheiten?

2. Setzen Sie sich danach aufrecht auf Ihre Bettkante und spüren Sie Ihren Atem. Atmen Sie gleichmäßig weiter. Beobachten Sie, wie die Atemzüge im natürlichen Zustand sind. Sind Sie schnell oder langsam? Atmen Sie in den Bauch oder in die Brust? Strömt kühle oder warme Luft in Sie hinein?

3. Spüren Sie in Ihren Körper. Wie ist Ihr Empfinden? Fühlt sich Ihr Körper gut oder verspannt an? Schenken Sie Ihrem Körper für ein bis zwei Minuten volle Aufmerksamkeit.

4. Betrachten Sie die Gedanken und Emotionen, die an diesem Morgen in Ihnen aufsteigen. Nehmen Sie die Gedanken wahr, ohne sie zu bewerten.

5. Nehmen Sie die innere Ruhe und Entspannung, die Sie durch diese Übung gewonnen haben, mit in den Tag.

12. Die Atemtechnik

Die richtige Atemtechnik hilft dem Körper dabei, sich zu entspannen und die leeren Batterien wieder aufzuladen. Die Yogis haben schon vor Jahrtausenden Atemtechniken entwickelt und auch andere Traditionen lehren die Atembeobachtung. Atemtechniken helfen, die vielen Gedanken vom Geist fernzuhalten. Ziel dabei ist, ein entspannter Atem.

Die positiven Auswirkungen von Atemübungen

Die positiven Auswirkungen der Atemübungen stellen sich ein, wenn Sie diese drei- bis vier Mal pro Woche praktizieren. Sie werden mehr Energie haben, ruhiger schlafen, spüren, dass sich die Puls- und Herzfrequenz verändert und eine höhere Konzentrationskraft haben.

Tipps für die Atemübungen

- Leerer Magen: Essen Sie einige Stunden, bevor Sie die Atemübung machen, nicht mehr. Der volle Magen beeinträchtigt andernfalls die Atmung. Üben Sie am besten gleich nach dem Aufstehen, um entspannt in den Tag zu starten.
- Bequeme Kleidung: Sie benötigen keine spezielle Meditationskleidung. Sportkleidung, wie eine dehnbare Hose und ein T-Shirt reichen aus.
- Bequeme aufrechte Sitzhaltung: Wählen Sie von den verschiedenen Sitzhaltungen diejenige, die Ihnen am besten liegt.

- Ruhiger Ort: Meditieren Sie in Ihrer Meditationsecke oder an einem anderen Ort, wo Sie sich wohlfühlen und Sie nicht gestört werden.
- Übungszeit: Beginnen Sie mit einer kurzen Übung und steigen Sie sich langsam.

Die vier Atemphasen

Die Atmung ist eine Funktion unseres Körpers, die einerseits automatisch gesteuert abläuft, anderseits auch mit unserem Willen gesteuert werden kann. Das ist die Grundlage für die Atemübungen. Alle Atemtechniken haben die vier Phasen der Atmung gemeinsam: Einatmen, Pause Atemfülle, Ausatmen, Pause Atem leer. Wenn Sie einatmen, nehmen Sie neue Energie auf, das Ausatmen wirkt entspannend.

Beispiel Atemverlängerung mit Hilfe bestimmter Körperbewegungen

Wie bereits erwähnt, dient die Ausatemphase der Entspannung. In unserem Alltag atmen wir allerdings oft flach und atmen nur einen Teil der Luft aus. Es gibt Techniken, die Sie schulen, die Ausatemphase zu verlängern. Diese Übung dient dazu, die Länge der Atemphase zu verdreifachen.

- Nehmen Sie eine Haltung ein, in der Sie aufrecht und bequem sitzen. Die Wirbelsäule strebt dabei nach oben, die Schultern lassen Sie locker. Das Kinn ist in einer Linie zu dem Boden ausgerichtet. Die Hände lassen Sie seitlich locker hängen.
- Nehmen Sie diese Haltung bewusst wahr und lenken Sie Ihre Aufmerksamkeit auf Ihre Atmung.
- Atmen Sie vorbereitend aus.

- Bringen Sie beim Einatmen Ihre Hände über die Vorderseite nach oben, lassen Sie Ihren Kopf entspannt in Ihren Nacken fallen und schauen Sie nach oben.
- Füllen Sie Ihre Lunge komplett mit frischer Atemluft.
- Bleiben Sie in der Atemfülle und dehnen Sie Ihren Oberkörper.
- Atmen Sie in drei Schritten aus: Führen Sie zuerst Ihre rechte Hand nach unten, danach Ihre linke und lassen Sie am Ende Ihren Kopf nach unten sinken.
- Bleiben Sie in der Atemleere.
- Wiederholen Sie die Übung ein paar Mal und verweilen Sie danach noch eine Weile in einer passiven Atmung.

13. Simple Atemübung für den Alltag zum Entspannen

Atemtechniken eignen sich sehr gut dazu, im Alltag zu mehr Ruhe zu finden. Hier stellen wir drei äußerst effektive Atemtechniken vor:

Atemtechnik 1: Zählen der Atemzüge

Zählen Sie, wenn Sie einatmen und wenn Sie ausatmen, beispielswiese drei Sekunden einatmen und die gleiche Zeit, wenn Sie ausatmen. Mit dieser Atemtechnik sollen Sie eine gleichmäßige und konstante Atmung erreichen. Eigeatmet wird durch die Nase und durch den Mund wieder ausgeatmet.

Sie können sich beim Einatmen vorstellen, dass ein schöner Duft in Sie einzieht, der sich dann in Ihrem ganzen Körper ausbreitet. Legen Sie eine Hand auf Ihren Bauch und atmen Sie konstant tief dort hinein. Wenn Sie ausatmen, denken Sie daran, eine Kerze auszupusten.

Nach und nach können Sie die Länge der Atemzüge steigern, aber achten Sie darauf, sich bei der Atmung nicht anzustrengen. Das Ziel der Atemtechnik ist die Entspannung.

Atemtechnik 2: Lange ausatmen

Dies ist eine sehr leichte Entspannungstechnik. Probieren Sie doppelt so lange auszuatmen wie Sie einatmen. Wenn Sie drei Sekunden einatmen, versuchen Sie sechs Sekunden auszuatmen. Auf diese Weise vollziehen Sie die Ausatmung bewusst und langsam. Dadurch sind Sie schnell tiefenentspannt.

Atemtechnik 3: Anspannen und entspannen

Mit dieser Atemtechnik können Sie schnell Ihre innere Ruhe widerfinden. Bei einer langsamen Einatmung spannen Sie Ihre Muskeln an. Halten Sie diesen Zustand kurz und entspannen Sie beim Ausatmen Ihre Muskeln wieder. Wenn Sie Ihre Muskeln anspannen, werden von Ihrem Herzen die Gefäße mit Blut vollgepumpt. Beim Entspannen werden Ihre Gefäße erweitert, dies führt zu einer besseren Blutzirkulation in Ihrem Körper. In Ihrem Körper stellt sich ein Gefühl von Wärme ein.

Führen Sie diesen Prozess viermal durch und bleiben Sie danach noch drei Minuten entspannt mit geschlossenen Augen sitzen. Spüren Sie, wie ein wohliges warmes Gefühl durch Ihren Körper strömt und stellen Sie sich etwas Positives vor, egal ob dies schöne Erinnerungen sind oder Sie im Inneren an einen schönen Ort wandern. Sie müssen dabei nicht mehr darauf achten, bewusst zu atmen.

Wenn Sie Ihre Gedankenreise beendet haben, können Sie noch kurz Ihre Muskeln dehnen und sich strecken. Gähnen Sie einmal kräftig, danach sind Ihre Akkus wieder aufgeladen und Sie können sich wieder den Ansprüchen des Alltags widmen.

Schlusswort

Nun haben Sie alle Bereiche kennengelernt, die wichtig sind, um die Meditation erlernen zu können. Sie wissen, was Meditation überhaupt ist, wie sie Ihr Leben positiv beeinflussen kann, haben die ersten Schritte kennengelernt und wissen, wie Sie eine Meditation beenden. Natürlich können all diese Themengebiete noch vertieft werden, aber dieses Buch richtet sich speziell an Anfänger. Sollten Sie weiterführende Anleitungen benötigen oder tiefer gehende Fragen haben, nutzen Sie die Chance, Kurse zu besuchen und sich mit Gleichgesinnten auszutauschen.

Sie haben die ersten Übungen kennengelernt, gelernt Ihren Atem zu kontrollieren, und vielleicht auch schon selbst zu meditieren angefangen. Mit der Schritt-für-Schritt-Anleitung hatten Sie das passende Werkzeug an der Hand und vielleicht auch die passende Motivation, um gleich zu beginnen. Wenn Sie durch die Übungen wieder zu Ihrer inneren Ruhe gefunden haben, ist es umso besser.

Wahrscheinlich sind Ihnen trotz des Kapitels, welche Fehler Sie unbedingt vermeiden sollten, Fehler unterlaufen. Das ist ganz normal. Durch Fehler lernen Sie und es ist noch kein Meister vom Himmel gefallen. Bleiben Sie dabei, auch wenn nicht immer alles so funktioniert, wie Sie sich das vorgestellt haben. Lösen Sie sich von Erwartungen und Sie werden von den Ergebnissen erstaunt sein.

Zum Schluss habe ich noch einen persönlichen Wunsch: Wenn Ihnen das Buch gefallen hat und Sie auf Ihrem inneren Weg weitergebracht hat, empfehlen Sie es an Menschen weiter, die auch den Weg der Meditation bestreiten wollen, aber bisher noch nicht den richtigen Weg gefunden haben.

Ich bedanke mich, dass Sie das Buch bis zum Schluss gelesen haben und wünsche Ihnen viele positive Erfahrungen bei Ihren Meditationsübungen.

Meditation verleiht uns inneren Frieden, der aus der Stille des Geistes hervorgeht.

Dalai Lama

Impressum

Hermine Treitner
Laxenburgerstraße 136/11/5
1100 Wien
Österreich / Austria

Gedruckt/Vertrieben und Verkauft via
Amazon.com, Inc. oder einer Tochtergesellschaft

36109917R00036

Printed in Poland
by Amazon Fulfillment
Poland Sp. z o.o., Wrocław